# TABLEAU COMPARATIF DES ANCIENS IMPOTS,

ET

DES SUBSIDES DE L'ANNÉE 1791,

Par M. DOUBLE, homme de loi, membre de la Société des Amis de la Constitution, séante à Toulouse.

*Lu dans la séance publique du Dimanche* 13 *Février* 1791.

Imprimé par ordre de la Municipalité.

A TOULOUSE,

Chez P. B. A. ROBERT, Imprimeur, rue Ste. Ursule.

1791.

# TABLEAU COMPARATIF
## DES ANCIENS IMPOTS,
### ET
### DES SUBSIDES DE L'ANNÉE 1791.

MESSIEURS,

LES détracteurs de notre sainte constitution, les ennemis de notre liberté reconquise, ne cessent de calomnier nos sages législateurs, & de décrier leurs opérations. Dans leur rage impuissante, ils enfantent mille projets qui s'évanouissent presque tous dans le moment qui les a vus naître. Nouveaux caméléons, ils prennent toutes les formes que leur intérêt leur inspire. Ce peuple, ce même peuple, qu'ils méprisoient comme un vil troupeau d'esclaves courbés sous les chaînes de la féodalité & du despotisme, ils le craignent aujourd'hui, qu'ils l'ont vu déployer toute sa force & son énergie. Ils emploient tour-à-tour les menaces & les promesses. Tantôt ils le flattent, tantôt ils lui présen-

A ij

tent un tableau exagéré de la crife qu'il éprouve, & lui font entrevoir dans l'avenir une fituation plus allarmante encore.

Qu'a produit, difent-ils, cette révolution que vous prônez avec tant d'emphafe? Elle a aggravé vos maux, que les grands & les riches de l'empire foulageoient en partie. Elle a augmenté la dette immenfe qui pefoit fur la nation; les impôts iront en croiffant, & la banqueroute que vos prétendus légiflateurs avoient juré d'empêcher, n'aura été retardée de quelques inftans, que pour accabler la nation avec plus de honte & d'ignominie.

Ce qu'a produit la révolution? Ah! ils ne le favent que trop, ces vils fuppôts du defpotifme abattu, & ils le voient avec indignation. Ce qu'elle a produit? O mes concitoyens! la liberté; ce don précieux de la bienfaifante nature, que la force & la tyrannie avoient pu feules enlever à l'homme, & que nous avons tous juré de conferver jufqu'à notre dernier fouffle. *Vivre libre ou mourir*; voilà l'emblême de tous les Français régénérés; voilà le ferment qu'ils ont tous fait fur l'autel de la patrie, & ce ferment ne fera pas vain.

Dans l'ancien régime, toutes les reffources ufuraires avoient été inutilement employées pour retarder de quelques inftans la chûte la plus honteufe, & le jour fatal étoit enfin venu, où la France au défefpoir alloit devenir l'opprobre de toutes les nations. Nos fages législateurs ont paru : ils ont eu le courage de fonder la profondeur de l'abîme où nous allions nous engloutir, & ils n'ont pas défespéré de la chofe publique. La banqueroute eft à nos portes, s'écrie l'immortel Mirabeau : profcrivons jufqu'à ce nom infame, & fauvons l'état de fa ruine totale. La Diète augufte rend fes oracles, & la France eft fauvée.

Mais j'oublie, MM., l'objet pour lequel j'avois demandé la parole. On vous a démontré la néceffité de payer les fubfides ; je me propofe de vous prouver que la contribution nouvelle fera de beaucoup moins forte que les anciens impôts. Ma tâche n'eft pas difficile, il ne s'agit que de faire un tableau comparatif de l'une & de l'autre.

Sous le regne du defpotifme, d'après le rapport de M. Larochefoucault, la totalité des impôts fe portoit à fept cens cinquante-neuf millions ; & voici comment il les divife.

Tailles & vingtiemes, trois cens cinquante-huit millions, ci, . . . . . 358 millions.

Capitation, foixante-onze millions, ci, . . . . . . . . . . . . . . . 71 millions.

Ces impôts ainfi réunis, fe portoient à quatre cens vingt-neuf millions, ci, . . 429 millions.

Les gabelles, l'impôt fur le tabac, les corvées, les poftes, les contrôles, & autres subsides, formoient un produit de deux cens millions, ci, . . . . . . . . . 200 millions.

Les dimes enfin, les dimes, qui dans leur origine n'étoient qu'une pure libéralité de nos ancêtres, & que par succession de temps, des prêtres avides ont fait regarder comme une chose justement due, se portoient à cent trente millions, ci, . . . 130 millions.

     Total, ci, . . . . . 759 millions.

Il est de fait, qu'aucun royaume en Europe n'avoit un revenu aussi considérable ; & cependant, il y avoit depuis 1784, un déficit annuel de cinquante millions, une dette énorme de quatre milliars : ajoutons à cela les emprunts qu'on faisoit tous les ans, tant chez l'étranger, que dans l'intérieur de l'empire, & vous voyez un accroissement rapide dans cette dette effrayante, qui avoit enfin conduit le plus beau royaume de l'univers dans un gouffre profond, dont la sagesse de nos législateurs l'a fait sortir.

Ici, MM., vous vous demanderez à vous-même, comment, avec un revenu aussi considérable, la France a pu s'endetter à ce point ? Comment, dans l'espace de moins d'un siecle, depuis la honteuse banqueroute de l'insoucieux Régent, du crapuleux & méprisable Dubois ; ce vaste empire, suivant une marche rétrograde, s'est vu sur le point de renouveller la scene scandaleuse & flétrissante, que ces derniers donnerent à l'Europe étonnée ? Rappellez à votre souvenir le regne du foible Louis XV. Voyez les finances livrées au gaspillage de plus de vingt ministres exécrés, à une horde de femmes impures, & à l'avidité des plus vils courtisans.

Louis XVI monte sur le trône : ce monarque honnête-homme gémit du désordre affreux qui regne dans le trésor public, & cependant il a le desir constant, immuable, de rendre les français heureux. Il s'empresse de réformer sa maison, espérant que ces actes d'économie serviront d'exemple à ceux qui l'environnent. Inutiles desseins, de lâches courtisans frémissent en voyant prête à se tarir pour eux la source ou ils puisoient sans cesse, sans pouvoir jamais être désaltérés : par leurs infernales machinations, ils éloignent les honnêtes gens qui adoptoient les vues réformatrices du roi. Calonne paroit, & bientôt tout est dilapidé, tout est perdu.

Vous l'avez lu, MM., ce livre infâme, ce livre opprobre éternel d'une cour corrompue, ce livre que par une lâche ironie les courtisans appelloient *le livre rouge*. Ah ! il méritoit bien de porter ce nom, puisque la liste effrayante des pensions qu'il renfermoit, étoit formée de la substance & du sang le plus pur des peuples. Vous, l'avez lu, & la surprise a cédé à votre indignation.

A iv

Tel est le tableau des subsides de l'ancien régime ; telle étoit la maniere dont ils étoient employés. Permettez-moi de vous en montrer un plus consolant sans doute ; sa vue détruira l'impression que le premier a fait dans vos cœurs.

L'Assemblée nationale a décrété que les besoins de l'année 1791, exigeoient une contribution de cinq cens soixante six millions deux cens vingt-trois mille six cens quarante-six livre. (1) Avec cette somme, on pourvoit aux frais du culte, à la liste civile du roi, à celles des princes, aux dépenses de la marine, des troupes de ligne &c.

Comme nous n'avons point encore de données sûres sur les frais de justice, sur ceux d'administration dans les départemens, sur ceux de perception, dépenses de routes, il n'est pas possible d'établir jusqu'à quel point ils peuvent s'étendre ; cependant on peut avancer hardiment, que la contribution des biens du clergé, la contribution des fonds des ci-devant nobles, donneront au moins trente millions, & feront plus que les frais de justice, les frais d'administration, les frais de perception. (2)

---

(1) Voyez ci-après la récapitulation de tous les objets de dépense publique de 1791, par M. Lebrun.

(2) *Vide*, le rapport du 16 novembre, par M. Lebrun.

La contribution fonciere sera supportée par toutes les propriétés territoriales du royaume, proportionellement à leur produit net; & cette contribution est fixée à trois cens millions.

Remarquez, MM., que dans l'ancien régime, l'impôt des terres s'élevoit à trois cens cinquante-huit millions, c'est donc évidemment cinquante-huit millions de moins imposés sur les fonds. L'abolition du privilége des ci-devant nobles & du clergé produit un subside de trente millions de plus: comme cette somme doit représenter celle qui sera fournie pour le frais de justice, &c., nous ne la déduirons pas sur la contribution territoriale.

La capitation dans le temps de notre esclavage, se portoit à soixante-onze millions; la contribution personnelle est fixée par notre sénat auguste à soixante millions. Voilà donc une réduction de onze millions. Les prêtres jadis n'étoient point capités, les privilégiés ne l'étoient pas; ils sont contribuables aujourd'hui, & M. Larochefoucault porte leur quotte à quinze millions; la diminution est donc de vingt-six millions effectifs, & dans le fait, nous ne payerons plus que trente-quatre millions de contribution personnelle.

Les deux cens six millions restans seront produits par les impôts sur les objets de luxe, sur les postes, les enrégistremens, le timbre & autres subsides indirects, qui en ajoutant le produit du quart de revenu, s'éleveront à la somme de cinq cens soixante-six millions deux cens vingt-trois mille six cens quarante-six livres, décrétées par l'Assemblée nationale. En outre le même M. Larochefoucault porte la diminution des dépenses des rentes viageres à quatre millions par an.

Nos ennemis forcés de convenir de la diminution réelle des contributions, nous annoncent une augmentation rapide dans l'avenir. C'est un appât grossier, disent-ils, que vous tend l'Assemblée nationale, par cette diminution momentanée, & bientôt une guerre imprévue, le moindre défordre dans les finances feront croître les subsides en proportion de vos besoins ; & cependant vos ressources seront épuisées ; le clergé ne pourra plus alors venir à votre secours ; une somme au moins de cent millions tous les ans pour l'entretien des ministres du culte, vous grévera pour toujours.

Oublient-ils eux-mêmes que la dette immense de quatre milliars cinq cens millions sera bientôt éteinte par la vente rapide des biens nationaux, dont le produit sera plus que suffisant ? Oublient-ils que la somme des contributions annuelles décroîtra successivement de cent soixante-quinze millions, par l'extinction des rentes viageres ou des traitemens compris dans l'état des dépenses publiques ? Oublient-ils que par un décret solemnel, la France a déclaré à toutes les nations, que désormais elle ne s'armera que pour repousfer un injuste aggresseur, & que par conséquent, les guerres seront très-rares ? Oublient-ils que l'ordre admirable qui va regner dans nos finances, rendra impossible la dilapidation du trésor national ? Oublient-ils la responsabilité des agens du pouvoir exécutif ? Oublient-ils enfin que l'abolition des dîmes compense & au-delà les frais qu'occasionnera le culte public ? Ils s'en souviennent, MM., & c'est la certitude où ils sont, que désormais la paix, la tranquillité, l'abondance vont faire fleurir ce vaste empire, qui les met au désespoir.

Et c'est à cette époque, dont ils essaient en vain d'obscurcir la gloire ; & c'est au moment où nos législateurs ont brisé toutes nos chaînes, qu'ils osent dire que l'ancien régime étoit préférable au nouveau.

L'égalité rétablie entre tous les habitans de ce vaste empire, les dîmes supprimées, les gabelles anéanties à jamais, les corvées abolies ; sont-ce là des biens imaginaires, & ne doit-il en résulter aucun avantage ?

L'orgueil, la vanité avoient placé une ligne de démarcation entre l'homme & l'homme. L'arrogant patricien regardoit d'un œil de mépris le plébéïen honnête, dont les vertus & le mérite étoient dans lui, & non dans de vieux parchemins, témoignage fort suspect des vertus & du mérite du propriétaire.

L'insolent parvenu, sorti par l'or que son pere avoit gagné, de l'humble caste où le sort l'avoit fait naître, rougissoit de lui avoir appartenu, & auroit désiré que tout le monde l'oubliât; comme il s'efforçoit de l'oublier lui-même. Ces titres, ces écuſſons, ces marques d'une vanité futile ont diſparu pour toujours, & l'homme eſt devenu l'égal d'un autre homme.

Les dîmes, cet impôt onéreux pour le paiſible cultivateur, ne lui enlevera plus une partie précieuſe de ſa récolte, pour alimenter l'inutile exiſtence de ces gros bénéficiers, qui étoient parmi les miniſtres de l'égliſe, ce que ſont les frélons parmi les abeilles. La vigne du Seigneur aura les ouvriers néceſſaires pour la travailler, & des paraſites oiſifs ne viendront plus leur enlever le fruit de leur labeur.

Les gabelles, ce nom infame, qui rappelle à l'eſprit l'idée d'un impôt ignominieux, ne flétrira plus une terre libre. On ne verra plus dans les départemens ſeptentrionaux, les vils agens du fiſc forcer les peres de famille à prendre du ſel en proportion des enfans qu'ils avoient. On ne verra plus des loix abſurdes inventées par l'avarice & l'inhumanité, flétrir du ſceau de l'infamie, le malheureux contrebandier qui n'avoit pas cent écus à donner pour échapper aux galeres.

Les corvées, ces reſtes d'un eſclavage depuis long-temps aboli, ne troubleront plus les jours paiſibles du colon. On ne verra plus des tyrans ſubalternes, ſous le nom d'intendans de province; arracher à ſon champ l'infortuné laboureur, le traîner, à une diſtance conſidérable de ſa cabanne, & le forcer à donner ſon temps

& fon travail fans aucun efpoir de falaire. On ne verra plus un feigneur inhumain & barbare, obliger fes vaffaux à quitter le travail qui les fubftante, pour aller, au gré de fon caprice, pendant certains jours de l'année, applanir une colline, ou combler une vallée.

Graces foient rendues à l'heureufe révolution qui régénere cet empire. Nous fommes délivrés à jamais des marques honteufes de la fervitude, & déformais les hommes ne feront diftingués entre eux que par les vertus, les mérites & les talens.

*Récapitulation des objets de dépenfe publique de 1791.*

| | |
|---|---:|
| Maifon du roi . . , . . . . . . | 25,000,000 |
| Maifons des princes & remplacement d'appanages . . . . . . . . . . | 6,000,000 |
| Culte & dépenfes acceffoires . . . | 140,000,000 |
| Guerre . . . . . . . . . . . . | 89,000,000 |
| Marine . . . . . . . . . . . . | 50,000,000 |
| Affaires étrangeres . . . . . . . | 6,300,000 |
| Miniftres & autres membres du confeil . . . . . . . . . . . . . . | 460,000 |
| Bureau de l'adminiftration générale de la direction du tréfor royal, & du tréfor public . . . . . . . . . . . . . | 1,450,000 |
| Comptabilité . . . . . . . . . | 300,000 |
| Adminiftration, contrôle des ponts & | |

$$318,510,000$$

| | |
|---|---:|
| De l'autre part . . . . . . . . . | 318,510,000 |
| chaussées & accessoires . . . . . . | 206,000 |
| Ouvrages & travaux à la charge du trésor public . . . . . . . . . | 4,000,000 |
| Invalides, Quinze-vingts . . . . | 846,000 |
| Primes & encouragemens . . . . | 4,000,000 |
| Universités, enseignemens, travaux littéraires . . . . . . . . . . | 1,000,000 |
| Imprimerie royale . . . . . . . | 150,000 |
| Edifices religieux, communautés . . | 400,000 |
| Bibliotheque du roi . . . . . . | 110,000 |
| Jardin des plantes . . . . . . . | 100,000 |
| Dépôts publics . . . . . . . . | 20,000 |
| Ecole des mines . . . . . . . | 7,000 |
| Session de la législature & accessoires | 6,000,000 |
| Pensions . . . . . . . . . . | 16,000,000 |
| Rentes de l'hôtel-de-ville, payeurs & contrôleurs . . . . . . . . . . | 152,600,000 |
| Autre rente perpétuelle . . . . . | 4,000,000 |
| Autre rente viagere . . . . . . . | 3,000,000 |
| Rente sur le clergé . . . . . . . | 3,000,000 |
| Rentes de l'ancien clergé . . . . | 333,000 |
| Intérêts de l'emprunt de septembre 1789 . . . . . . . . . . . | 2,600,000 |
| Intérêts de l'emprunt & d'effets remboursables . . . . . . . . . | 10,000,000 |
| Intérêts d'emprunts des pays d'état . | 6,000,000 |
| Autres intérêts de créances . . . . | 129,646 |
| | 533,013,646 |

| | |
|---|---|
| Ci - contre . . . . . . , . . . . | 533,013,646 |
| Intérêts de cautionnement & fonds d'avance . . . . . . . . . . . | 8,000,000 |
| Amirauté . . . . . . . . . . | 6,000,000 |
| Intérêts des charges de finances . . | 2,400,000 |
| Emprunts de Gênes & d'Amsterdam . | 3,810,000 |
| Indemnité . . . . . . . . . . . | 1,000,000 |
| Achat de numéraire . . . . . . . | 4,000,000 |
| Atteliers de charité momentanés . . | 5,000,000 |
| Procédure criminelle . . . . . . | 3,000,000 |
| Total . . . . . . . . . . . | 566,223,646 |

www.ingramcontent.com/pod-product-compliance
Lightning Source LLC
Chambersburg PA
CBHW060453050426
42451CB00014B/3292